Bill	Amount	Due Date	J F M A M J J A S O N D

Bill
Amount
Due Date
J F M A M J J A S O N D

Bill	Amount	Due Date	J F M A M J J A S O N D

Bill	Amount	Due Date	J F M A M J J A S O N D

Bill	Amount	Due Date	J F M A M J J A S O N D

Bill	Amount	Due Date	J F M A M J J A S O N D

Bill	Amount	Due Date	J F M A M J J A S O N D

Bill	Amount	Due Date	J F M A M J J A S O N D

Bill	Amount	Due Date	J F M A M J J A S O N D

<table>
<tr><td>Bill</td><td>Amount</td><td>Due Date</td><td>J F M A M J J A S O N D</td></tr>
</table>

Bill	Amount	Due Date	J F M A M J J A S O N D

<table>
<tr><td>Bill</td><td>Amount</td><td>Due Date</td><td>J F M A M J J A S O N D</td></tr>
</table>

Bill
Amount
Due Date
J F M A M J J A S O N D

Bill	Amount	Due Date	J F M A M J J A S O N D

Bill	Amount	Due Date	J F M A M J J A S O N D

Bill	Amount	Due Date	J F M A M J J A S O N D
			J F M A M J J A S O N D

Bill
Amount
Due Date
J F M A M J J A S O N D

Bill
Amount
Due Date
J F M A M J J A S O N D

Bill
Amount
Due Date
J F M A M J J A S O N D

Bill	Amount	Due Date	J F M A M J J A S O N D

Bill	Amount	Due Date	J F M A M J J A S O N D

Bill	Amount	Due Date	J F M A M J J A S O N D
			J F M A M J J A S O N D

Bill	Amount	Due Date	J F M A M J J A S O N D

Bill	Amount	Due Date	J F M A M J J A S O N D

Bill	Amount	Due Date	J F M A M J J A S O N D
		J F M A M J J A S O N D

Bill	Amount	Due Date	J F M A M J J A S O N D

Bill	Amount	Due Date	J F M A M J J A S O N D

Bill	Amount	Due Date	J F M A M J J A S O N D

<table>
<tr><td>Bill</td><td>Amount</td><td>Due Date</td><td>J F M A M J J A S O N D</td></tr>
</table>

Bill	Amount	Due Date	J F M A M J J A S O N D

Bill
Amount
Due Date
J F M A M J J A S O N D
J F M A M J J A S O N D

Bill	Amount	Due Date	J F M A M J J A S O N D

Bill	Amount	Due Date	J F M A M J J A S O N D

Bill	Amount	Due Date	J F M A M J J A S O N D

Bill	Amount	Due Date	J F M A M J J A S O N D

Bill	Amount	Due Date	J F M A M J J A S O N D

Bill	Amount	Due Date	J F M A M J J A S O N D

Bill	Amount	Due Date	J F M A M J J A S O N D

Bill	Amount	Due Date	J F M A M J J A S O N D

<table>
<tr><td>Bill</td><td>Amount</td><td>Due Date</td><td>J F M A M J J A S O N D</td></tr>
</table>

Bill	Amount	Due Date	J F M A M J J A S O N D

Bill
Amount
Due Date
J F M A M J J A S O N D

Bill	Amount	Due Date	J F M A M J J A S O N D

Bill	Amount	Due Date	J F M A M J J A S O N D

Bill	Amount	Due Date	J F M A M J J A S O N D

Bill	Amount	Due Date	J F M A M J J A S O N D

Bill	Amount	Due Date	J F M A M J J A S O N D

Bill
Amount
Due Date
J F M A M J J A S O N D

<table>
<tr><td>Bill</td><td>Amount</td><td>Due Date</td><td>J F M A M J J A S O N D</td></tr>
</table>

Bill	Amount	Due Date	J F M A M J J A S O N D

<table>
<tr><td>Bill</td><td>Amount</td><td>Due Date</td><td>J F M A M J J A S O N D</td></tr>
</table>

Bill	Amount	Due Date	J F M A M J J A S O N D

Bill	Amount	Due Date	J F M A M J J A S O N D

Bill
Amount
Due Date
J F M A M J J A S O N D

Bill	Amount	Due Date	J F M A M J J A S O N D
			J F M A M J J A S O N D

Bill	Amount	Due Date	J F M A M J J A S O N D

Bill	Amount	Due Date	J F M A M J J A S O N D

Bill	Amount	Due Date	J F M A M J J A S O N D

Bill
Amount
Due Date
J F M A M J J A S O N D

Bill	Amount	Due Date	J F M A M J J A S O N D

Bill	Amount	Due Date	J F M A M J J A S O N D

Bill	Amount	Due Date	J F M A M J J A S O N D

Bill	Amount	Due Date	J F M A M J J A S O N D

Bill	Amount	Due Date	J F M A M J J A S O N D

Bill	Amount	Due Date	J F M A M J J A S O N D

Bill	Amount	Due Date	J F M A M J J A S O N D

<table>
<tr><td>Bill</td><td>Amount</td><td>Due Date</td><td>J F M A M J J A S O N D</td></tr>
</table>

Bill	Amount	Due Date	J F M A M J J A S O N D

Bill

Amount

Due Date

J F M A M J J A S O N D

Bill	Amount	Due Date	J F M A M J J A S O N D

Bill	Amount	Due Date	J F M A M J J A S O N D

Bill	Amount	Due Date	J F M A M J J A S O N D

Bill
Amount
Due Date
J F M A M J J A S O N D

Bill	Amount	Due Date	J F M A M J J A S O N D

Bill	Amount	Due Date	J F M A M J J A S O N D

Bill
Amount
Due Date
J F M A M J J A S O N D

Bill	Amount	Due Date	J F M A M J J A S O N D

Bill	Amount	Due Date	J F M A M J J A S O N D

Bill	Amount	Due Date	J F M A M J J A S O N D

Bill	Amount	Due Date	J F M A M J J A S O N D
			J F M A M J J A S O N D

<table>
<tr><td>Bill</td><td>Amount</td><td>Due Date</td><td>J F M A M J J A S O N D</td></tr>
</table>

Bill	Amount	Due Date	J F M A M J J A S O N D

Bill
Amount
Due Date
J F M A M J J A S O N D

Bill	Amount	Due Date	J F M A M J J A S O N D

Bill
Amount
Due Date
J F M A M J J A S O N D

Bill	Amount	Due Date	J F M A M J J A S O N D

Bill	Amount	Due Date	J F M A M J J A S O N D

Bill
Amount
Due Date
J F M A M J J A S O N D

<table>
<tr><th>Bill</th><th>Amount</th><th>Due Date</th><th>J F M A M J J A S O N D</th></tr>
</table>

Bill	Amount	Due Date	J F M A M J J A S O N D

<table>
<tr><td>Bill</td><td>Amount</td><td>Due Date</td><td>J F M A M J J A S O N D</td></tr>
</table>

<table>
<tr><td>Bill</td><td>Amount</td><td>Due Date</td><td>J F M A M J J A S O N D</td></tr>
</table>

Bill	Amount	Due Date	J F M A M J J A S O N D

Bill
Amount
Due Date
J F M A M J J A S O N D

Bill
Amount
Due Date
J F M A M J J A S O N D

Bill	Amount	Due Date	J F M A M J J A S O N D

Bill	Amount	Due Date	J F M A M J J A S O N D

Bill	Amount	Due Date	J F M A M J J A S O N D

Bill	Amount	Due Date	J F M A M J J A S O N D

Bill
Amount
Due Date
J F M A M J J A S O N D

Bill	Amount	Due Date	J F M A M J J A S O N D

Bill
Amount
Due Date
J F M A M J J A S O N D

<table>
<tr><td>Bill</td><td>Amount</td><td>Due Date</td><td>J F M A M J J A S O N D</td></tr>
</table>

Bill	Amount	Due Date	J F M A M J J A S O N D

Bill
Amount
Due Date
J F M A M J J A S O N D

Bill
Amount
Due Date
J F M A M J J A S O N D

Bill	Amount	Due Date	J F M A M J J A S O N D

Bill
Amount
Due Date
J F M A M J J A S O N D

Bill	Amount	Due Date	J F M A M J J A S O N D

www.ingramcontent.com/pod-product-compliance
Lightning Source LLC
Chambersburg PA
CBHW050646250726
48662CB00002B/510